롯실드의 바이올린

황인철 제6시집

롯실드의 바이올린

문경출판사

시인의 말

고진감래 인동초가 시로 피어납니다
청명절
벚꽃 활짝 피어난 호시절에
롯실드의 바이올린으로 시심을 전합니다

6집 작품해설과 시인의 길로 인도한 영문학박사 김우식
교수, 문경출판사 강신용 사장님 고맙습니다

오랜 세월 곁을 지켜준 아내와 가족들
모두 고맙습니다
숙주 유하 민아 규리 규담
인삼 인숙 인철 인종 인완 인회 종순 래복 순자 성은 성춘
은진 동하 영하 지영 나영 세웅 수현 윤하 승하 수하 현하
영글 채운
유명을 달리한 인옥 인추
천사 제수씨 김오숙님까지
따뜻한 시인의 마음을 전합니다

2023. 4. 5. 청명절
이든 황인칠

차례

■ 시인의 말 · 9

제1부

17 · 파시
18 · 도솔암
19 · 제비꽃
20 · 저녁놀
21 · 헌혈 청년
22 · 설국
23 · 해우밭
24 · 거리를 둬라
26 · 마라토너 시인 황인칠
28 · 마라토너 시인 황인칠 2
30 · 마라토너 시인 황인칠 3
31 · 마라토너 시인 황인칠 4
32 · 마라토너 시인 황인칠 5
33 · 마라토너 시인 황인칠 6
35 · 마라토너 시인 황인칠 7

제2부

- 39 · 늦복
- 41 · 메기의 추억
- 43 · 백조의 호수
- 44 · 길에서 시를 만나다
- 46 · 상왕산 편지
- 47 · 섬진강
- 49 · 낙엽 따라 가버린 사랑
- 50 · 붉은 수수밭
- 51 · 모스크바는 눈물을 믿지 않는다
- 52 · 두물머리
- 53 · 양지리 1
- 55 · 양지리 2
- 56 · 아버지의 지게
- 58 · 고구마꽃
- 60 · 9월의 은하수

제3부

63 · 요세미티

65 · 꽃무릇

66 · 귀로

67 · 단풍

68 · 감나무집

69 · 달맞이꽃

70 · 검이불루 儉而不陋

71 · 비둘기

72 · 여서도의 봄바람

73 · 우동 한 그릇

74 · 청춘

75 · 개선 행진곡

77 · 진주라 천리길

79 · 황산도

80 · 롯실드의 바이올린

제4부

- 83 · 달빛 사냥
- 85 · 슈워드의 냉장고
- 86 · 해무야박海霧夜泊
- 87 · 무논
- 88 · 비목
- 89 · 거위의 꿈
- 90 · 빈 배
- 91 · 천수답
- 92 · 신지도 연가
- 94 · 실개천
- 96 · 인자무적仁者无敵
- 97 · 적선
- 98 · 겨울 밤비
- 100 · 자클린의 눈물
- 102 · 광덕산

| 작품해설 |

공감과 봉사의 사랑 시학
－황인칠의 제6시집 **_김우식** · 103

제 1 부

파시

바닷가 마을의 풍어 축제
파시가 열리면 섬은 북적거렸다
전설처럼 들었던 고등어 삼치 물고기 풍년

청산도는 거문도 흑산도와 더불어 최고의 어항
완도 신지 고금은
강진만 내해라서 물고기 씨알이 잘았다
그런데 청산은 큰 바다라서 삼치부터 굵었다

멀리 제주 바다를 넘나드는 어선들은 풍어가 다반사
수평선 바라보며 꿈을 키우던 유년 시절
바다 끝까지 항해를 하면 어디에 닿을까
궁금증이 깊었다
초등학교 4학년
사회과 부도를 받고 세상 넓은 것을 알았다
천지가 열리는 개안

파시가 아니라도 세상은 넓고 할 일은 많았다
이류는 판을 사수하지만
일류는 새 판을 짠다
가자
넓은 세상으로

도솔암

눈 덮인 도솔암
남도 땅끝 달마산
완도 가는 길
잠시 발품을 판다

달마가 남쪽으로 간 까닭은 북녘길이 막혔기 때문
폭설이 내려 파묻힌 산길
고지에 바람처럼 선 암자

풍경소리
바람소리
높은 산을 오르는 모든 길은 구도자의 길
마음을 비우는
허허로운 달마산
남도 겨울기행

제비꽃

물 찬 제비
날랜 새를 연상하며
예쁜 꽃을 꽃궁기에 본다
물오름달의 꽃으로 자리매김한 너를 보며 제비를 부른다
정답던 얘기 가슴에 가득하고 푸르른 저 별빛도 외로워라

소나기 같던 청춘
열정은 시들고 젊은이도 나이테가 깊어졌다
설익은 첫사랑은 짝사랑의 가슴앓이
농익어 오래 묵은 사랑은
 홍시 맛을 풍긴다

푸른빛 하얀 고깔을 보며
봄을 그린다
보름달 뜨는 축제의 밤

저녁놀

불타는 노을
저녁 숲에 잠드는 해
낮술 한잔으로 불콰해진 구름 아래
황금 광맥 노다지가 춤춘다
지자요수라고 했지
물이 있는 풍경
호수의 반영은 가을을 삼켰다

살아서 이렇듯 장엄한 해넘이를 보는 것은
억세게 복 받은 날
과유불급이라도 좋다.
저녁놀이 붉어서
행복한 날

사랑을 남기고 저문 저녁놀
눈부신 하루가 여행을 떠난다
밤 비행기 타고 태평양 건너가는 꿈

헌혈 청년

설국은 아름다웠다
그런데 대설이라니
동지가 가까운 겨울밤
눈은 하염없이 내렸다

강원도의 군 생활을 떠올리게 하는 눈 치우기
제설함에 덮인 눈조차도 한 짐
습설은 무겁다
소나무 가지가 툭툭 부러지는 눈 폭탄
버스도 엉금엉금
거북이걸음
눈썰매로 신이 난 아이들
썰매견 대신 썰매인이 된 어른들은 즐거운 노동
아파트 숲 공원 잔디 언덕은 눈썰매장
오랜만에 아이들의 신나는 소리로 떠들썩한 마을
헌혈하고 나오는 노신사의 발걸음도 가볍다

삼백 고지가 보인다
구 부 능선에서 마지막 피치를 올린다
건강이 허락하면 사백 고지까지
예순아홉은 헌혈 정년
빛나는 졸업장은 아무나 받나

설국

밤새 눈 폭탄이 쏟아졌다
출근길 사람도 차도 엉금엉금
평소 얼마나 빨리빨리 살았나를 되짚어보는 서행
소걸음으로 조심조심 걸어도 기우뚱거리는 빙판길
삭막한 대지는 하얀 솜이불을 덮었다
된바람 몰아치는 매듭달의 한파
춥지 않으면 겨울이 아니지
중무장한 전사의 옷차림
빵모자로 보온을 하고 넥워머까지
가죽장갑이 마침내 빛을 발한다

추워진 날
눈바람도 그칠 날이 있겠지
또 눈발 날리는 세교리 천변
천안천이 꽁꽁 얼었다
물새들도 바람 부는 쪽으로 머리를 두고 날개를 접었다
철새의 지혜
날개는 새의 소중한 국보
역풍에 꺾이지 않게

해우밭

해우라고 했다
김이라고 표준어로 출하되는 해우는 완도의 특산품
이제는 바다도 환경이 바뀌어 전복 양식
고향에서는 광어가 대세를 이뤄 명예 넙치 면장을 뽑는다
알아야 면장을 하지
시라도 잘 써서 고향을 알리고 싶은 굴뚝 같은 맘

겨울 바다는 몹시 차다
맵찬 높하늬바람
차가운 한류 덕분에 해우를 만들어서 따뜻한 겨우살이
해우를 생산하던 부지런한 손들은 늙어서 경로당 단골 손님
어르신들은 마을 역사를 간직한 움직이는 도서관

찬 바다 하의도에 낯익은 해우밭
작은 쪽배로 생계를 잇는 어부의 겨울은 봄을 잉태하는 인동초 시간

거리를 둬라

1

함께 있되 거리를 둬라
그래서 하늘의 바람이 사람들 사이에서 춤추게 하라

칼릴 지브란을 읽으며 화들짝
예언은 아무나 하는 게 아니구나!

함께 서 있으라
그러나 너무 가까이 서 있지는 마라
참나무와 삼나무는 서로의 그늘 속에선 자랄 수 없으니

2

수양산 그늘이 강동 팔십리에 미친다고 했다
큰 스승 밑에서 큰 제자 나오고 거목 아래서 작은 나무는 설 땅이 없다

코로나 광풍은 언제 침묵을 배울까
교만한 세상에 던지는 수소폭탄
그래도 이제 그만

3
수능 한파가 매서운 날
하늘은 수험생 졸음 방지를 위하여
냉기를 선물하나 보다
몸은 떨어져 있어도 마음의 온기는
너를 맴돈다

성탄절이 보인다
대림초는 하나 둘
불빛을 더하고
성당 꼭대기 두 팔 벌린
예수는 올겨울이 춥겠다
그래도 감기 걸리지는 마세요
하느님이 재채기하면 우리는 마스크 써야 하거든요

마라토너 시인 황인칠

넘치는 혈기를 다스리려고 마라톤을 택했다
인내의 극한을 돌파하는 런너스 하이의 희열
백공오리를 달리는 질주는 자신과의 투쟁
이봉주를 존경하는 마음
완주를 밥 먹듯 했다는 그의 집념을 높이 샀다
물을 마시고 바나나를 먹고 달리는 105리길
다리로 달리는데 팔에 쥐가 난다
풍차를 돌리듯 어깨를 앞뒤로 쉼 없이 흔들어줘야 힘이 나는데
탈은 엉뚱한 곳에서 났다

4월의 한강 바람은 차가웠다
비까지 내리는 팔당호 길을 추워 떨면서 달렸다
결승점을 통과하고 통수건으로 몸을 두르니 살 것 같다
3시간 44분 27초
아마추어의 기록으로는 훌륭한 달림이

내가 내딛지 않으면 한 걸음도 전진할 수 없는 마라톤의 진리
아무리 힘이 들어도 깊은 들숨과 날숨을 반복하며 무한 전진

앞으로 앞으로
이마에 두른 머리띠마저 내던지고 냅다 뛰는 캥거루족
두 발로 성취하는 가장 흐뭇한 기억
마라톤 풀코스 완주
나의 50대는 그렇게 저물었다
런너스 하이

마라토너 시인 황인칠 2

손기정 선생을 떠올리게 하는 동아 마라톤
3월 마지막 주일
해외주재원 출국을 앞두고 10번째 도전하는 풀코스
대미를 멋지게 마무리하려고 유비무환 자세를 가다듬
었다
광화문에서 출발하여 잠실 운동장까지
105리 같은 거리를 달려도 왕복 코스보다는
심리적으로 힘이 덜 든다

전날 경복궁 근처 식당에서 삼계탕으로 보신을 하고
팽팽한 활시위처럼 몸을 만들었다
거리는 온통 마라토너들의 축제
달리는 걸음에 가속도가 붙는다
초장 끗발은 막장 팻감
마라톤에도 이 원리는 절대 명제
과속금지
욕심을 자제하며 물을 마시고 백공오리 먼 길을 달린다

한강 다리를 통과하면 얼추 반은 지났다
이제부터는 가속을 해야한다
초반에 불을 뿜던 아마추어들은 너덜너덜

마라톤 시작하던 시기의 바로 내 모습
하나 둘 추월하는 재미로 달리다 보니 레이스 후반은 기진맥진
드디어 잠실운동장
마지막 스퍼트
운동장을 한 바퀴 돌고 결승점 통과
이번에도 목적했던 서브 4
달성
4월 청명절 출국을 앞두고 서울이여 안녕

마라토너 시인 황인칠 3

꿈에 그리던 충주마라톤
지역방송이 개최하는 충주호 순환코스

달리는 와중에도 강변 풍경이 청량제
가쁜 숨을 내쉬면서도 동료 달림이들과 어울려 달리는
즐거움은 하늘을 난다

길거리 관중들의 응원은 서울에 비길 바가 못 되지만
소박한 웃음
땀을 비 오듯 쏟아붓는 열정의 질주
피니쉬 라인은 늘 멀기만 하다
35km를 지나면 비몽사몽
달림이들은 말을 잃고 뚜벅뚜벅 앞만 보고 달린다
바나나로 힘을 보태는 라스트 스퍼트
마침내 결승점을 통과하면 허리 숙여 운동화 신발 끈을
풀 힘도 없다

후배 교수 부부가 수박화채를 준비해서 환영 만찬
충주호 달리기는 남한강의 정수를 맛본 즐거운 경주

마라토너 시인 황인칠 4

공주마라톤
금강을 끼고 달리는 백제마라톤은 덥고 습했다
연습 부족으로 스퍼트할 시점에 종아리가 뭉쳤다
낭패다
중도 포기하면 다음 도전할 때까지 후회를 감당하기
싫어서 무리를 한다
뛰다 걷다를 반복하여 부끄러운 서브 5 기록으로 완주

그래도 완주를 한 다리에게 칭찬을 한다
끝까지 달려줘서 고마워

저녁은 계룡산에서 목수를 하는 선배 대목과 조우
외대 독문과를 전공한 고딩선배가 한옥 짓는
대목이라니
인생유전

변방의 섬 소년이 성장하여 서울 춘천 충주 공주를
내달리는 마라토너 시인
50대 청년
하늘은 꿈꾸는 자의 몫
오늘은 뛴다
마라토너의 거친 꿈으로

마라토너 시인 황인칠 5

사법고시 낭인과 어울려 달리기 올인 반년
드디어 서울마라톤 첫 출전

광화문 이순신 장군 동상 앞은 달림이들로 인산인해
마라토너들이 지하철 입구마다 가득 찼다

첨이라서 모든 게 서툴다
스피드를 낼 시점조차도 어림짐작을 못 하다
4시간 28분 27초
완주하고 나서도 힘이 남는다

그래도 첫 출전은 용감했다
한강을 건너 잠실 운동장까지
나의 발걸음은 쉬지 않았고 땀은 배신하지 않는 결과를
약속한다

약속은 인격이다

마라톤 풀코스 완주 10회
50대의 작은 꿈이 거보를 내디뎠다
광화문에서

마라토너 시인 황인칠 6

오직 달리려고 경춘선을 탔다
아들까지 대동하고
춘천은 춘마를 달리려는 사람들로 축제 분위기
동마를 두 번이나 달렸으니 춘마도 마라토너의 구색을
갖추려면 필수
의암호를 달리는 춘천마라톤은 언덕이 많았다
오르막의 질주는 보폭을 줄이는 것
타박타박 뛰어도 걷는 것에 비하면 광속
20대의 아들은 응원단장이 되고
50대의 애비는 뜀을 하는
춘천마라톤

깊은 뜻이 있었다
아들에게 자극을 주려는 것
효과는 만점

아들의 응원 속에 쾌조의 달리기를 마쳤다
아들은 애비가 외국살이를 할 때 마라톤을 독학하여
청출어람
서브3를 달성했다

마라토너의 꿈은 대를 이었다
프로헌혈러의 가통도 부전자전
삼백은 힘이 세다
그러나 젊은 일백은 기세등등
부자의 합이 사백이 넘는 헌혈은 마라토너의 전승과
더불어 황부자의 훈장

건강한 겨우살이는
마라톤
틈이 나면 헌혈
그럼 이타적인 시인이 되는 고속도로
뛰면 살고 누우면 죽는다

마라토너 시인 황인칠 7

여의도에서 출발하여 암사동을 돌아오는 순환코스
유월 첫 주일
태양은 빛을 더했다
9시 출발
이미 아스팔트는 달궈졌다
열기와의 투쟁
가열찬 훈풍이 달림이를 옥죈다

나의 사전에 포기란 없다
시원한 물벼락을 선물 받으며 완주의 기쁨

더위에 장사는 없다
귀가하여 몇 날 끙끙 앓았다
고생을 사서 해요
사서 해
지청구를 들어도 흘려보낸다

성취감
육신을 혹사하면 영혼이 맑아졌다
맑디맑은 마라톤의 혼이 부르면 달리는 적토마
행복한 무한 질주

제2부

마라토너 황시인

늦복

복을 짓는다고 한다
어릴 적 크면서 젤 듣기 싫었던 얘기
나는 복이 없으니 네 복으로 살라는 선친의 말
당신이 떠든 대로 일찍 승천했다

덕분에 나의 청년 시절은 유복하지 못했다
집에서 학교 다니는 이웃들이 부러움의 대상
고향은 대도시와 너무 멀었다

늦복이 터졌다
복을 짓기 위하여 덕을 쌓았다
적선지가 필유여경
헌혈하는 마음
경기가 좋을 때는 다회 헌혈로 시계도 받고 은수저도
받았다
요즘은 시들한 선물
빵하고 우유 얻어먹는 재미로 헌혈하던 시절도 지나갔다

삼백은 힘이 세다
스파르타를 사수했던 영화 300 전사를 떠올리며
나의 고지는 그곳

이제 9부 능선
늦복이 터졌다
헌혈 최고명예대장

행백리자반구십이라는데
남은 십 리
발걸음도 조심조심
조심하고 살면 거친 운명도 비껴간다

메기의 추억

옛날의 금잔디 동산의 메기 같이 앉아서 놀던 곳
동향시인 강제윤의 글을 읽다가 무릎을 쳤다

전지현이 밭을 매고 김태희가 김 공장에서 일을 하는
젊은 섬
전설 같은 옛날얘기를 들으며 향수는 백 투 더 패스트

겨울은 김으로 해가 뜨고 달이 졌다
바다가 어머니 손바닥처럼 작은 마을
큰 바다가 있는 동네는 상대적으로 부유했다
그래도 겨울 한철
동상으로 손과 귀는 부풀고 노동은 나이를 가리지 않았다
중학교를 졸업할 때까지
겨울방학은 김 농사
발장에 김이 바짝바짝 말라가는 건장
노동으로만 존재했던 유년의 추억
고구마로 똥배는 불렀고
회충이 목구멍으로 나왔던 초등시절
죽지 않고 모진 목숨은 살았다

추억어린 사진

정다운 누이들을 보며
향수는 완도바다를 누빈다

그리운 것들은 모두 젊은 날 해우처럼 사라지고
늙어버린 섬
아
고향이 남쪽이랬지

백조의 호수

차이콥스키
백조의 호수가 전부였다
이제는 이찬호 작가의 백조를 더한다

산동성 위해
한국의 산하를 닮은 자연
장보고의 기상이 살아있는 법화원이 있는 산동성
황해 얕은 바다를 이웃하는 중원대륙
고구려 백제 발해의 선조들이 활동했던 옛땅
발해만조차도 뽀하이만으로 발음하는 우리들의 모자란 생각

인생이 허기질 때 나는 바다로 간다
백조의 호수에서
황해바다에서
바이칼 원시의 물빛에서
삶의 역동성을 찾는다

모든 경계에는 꽃이 핀다
백조의 호수
붉게 물든 아침놀이
겨울을 밝히는 횃불처럼 떠오른다

길에서 시를 만나다

파블로 네루다
우편배달부 영화로 시를 말했던 시인
칠레 독재자 피노체트를 피해서 이태리로 망명했던

바다를 무던히도 사랑했다
죽어서도 태평양 바다가 보이는 언덕 위에 묻힌
길에서 시를 쓰는 시인

감나무에 감이 주렁주렁
까치밥을 걸었다
얼기설기 허름한 까치둥지
삼동을 날 수 있으려나

헐벗은 계절
십일월의 나목 앞에서
네루다의 망명과
감나무 까치 둥지가
오버랩 되는 초동初冬

시를 썼다
탈 한국도 나이를 극복하지 못하고 귀국

돌아온 조국에서 내가 할 수 있는 일은
자유로운 영혼으로 시를 쓰는 것

고향 가족 타향살이 중국
시의 소재는 넘쳤다
그릇에 오롯이 담아내는 일은 시인의 몫

쓰고 또 쓰고
다듬고 또 다듬고
시인의 시가 누가 될세라
조심스런 시작詩作

새삼스럽게 인생은 육십부터
인사유명人死留名
그 깨끗한 고종명考終命을 꿈꾸며

상왕산 편지

이 산 저 산 들길 따라서 감나무 천지
붉은 등불을 켜는
새벽 고샅길
홍시가 익어가는 시월 상달
감마을에 감이 붉어지는 가을이 오면
까치도 더불어 춤을 춘다

풍년가 넘실대는 들판에 황금 볏단이 자리를 잡고
소들은 겨우살이 게으른 꿈이 부푸는 곳
어울렁더울렁 감싸며 살아가는 외진 땅
가을이 깊어가니 찬바람 나는 계절풍이 안부를 묻는다
겨울이 오기 전에
갈 손님 따뜻하게 배웅하는 인정 많은 남도 삼천리

섬진강

황금 들녘
구만리 들판에서 안개를 어루만진다
여름날 쌀을 만들기 위하여 발품 팔았던 농민을 위무하는
시월 상달
섬진강은 말없이 남해로 흐르고 구만리 들녘에 나락이
여문다

쌀값이야 떨어져도 어쩔 수 없는 시정잡배의 상술
장사꾼이나 정치꾼이나 사촌 같은 공갈족들
이익이 있는 곳에 파리떼가 끓는다

한 두 발 떨어져 있어야 제대로 보이는 가을 섬진강
남해로 하동으로 광양으로 흘러가는 유장한 물길 오백리
익어가는 가을 강물에 온갖 속물을 실어보낸다
보수꼴통 메카시즘의 낡은 이념들
다시 보지 말았으면

자유여
민주주의여
너를 위해 목숨 바쳤던 소중한 혼들이 흐느낀다

누렇게 잘 익은 섬진강
구만리 황금 들녘
가을이 오지게 잘 익었다

낙엽 따라 가버린 사랑

배호의 우울한 늦가을
낙엽 따라 가버린 사랑을
음송하는 자전거를 탄 사람
가을은 떨어지는 잎의 두께만큼 깊어갔다

가을을 남기고 떠난 사람
패티킴 누나의 정감있는 목소리도 뚜렷한데
단풍잎으로 덮인 숲길은 아늑한 가을 정원

금마산 밤 과수원은 가을걷이가 끝났다
평생 일궜던 과수원 한가운데 묻힌 고인의 영혼도 편안
하실까

가을은 절로 깊어가고
낙엽 수북한 길을 자전거를 탄 길손은 숲으로 갔다
낙엽 따라 가버린 사랑

붉은 수수밭

공리
붉은 수수밭에 사랑이 열렸다
십팔리홍 명주가 오줌에 발효되어 생기는 이변
중일전쟁으로 폐허가 되는 수수밭

복수는 대를 이어서 한다
일본을 괴멸시키는 스토리는 중국영화의 흥행수표

공리의 붉은 수수밭
88올림픽으로 들뜨던 시절
모스크바는 눈물을 믿지 않는다
러시아 영화에 취했던 젊은 날
붉은 수수밭은 이국으로 향하는 용기에 불을 붙였다
청춘이 활화산처럼 타올랐던 대륙
황하가 만들어낸 붉은 수수밭
중원에서 꿈은 이루어졌다
장강이 흐르고 흘러
상해 숭명도를 지나 태평양을 조우하듯

모스크바는 눈물을 믿지 않는다

오대산은 폭설이 내렸다
1989년 설날
아버지의 잔소리가 싫어 산으로 간 설날
눈 쌓인 산을 내려와
강릉에서 '모스크바는 눈물을 믿지 않는다
영화를 봤다

집에 오니 청천벽력
선친이 가셨다
우라질 작은 나라에서 고향 가는 길은 브라질처럼 멀기만
했다
광주 가는 직항이 없어 김포를 거쳐 광주
또 버스를 타고 완도까지

창졸간에 떠난 선친
그리움은 산을 넘고 물을 건넜다
54세 생일상도 받아보지 못한 짧은 생
선친은 아들의 눈물도 믿지 않을 것
당신이 돌아가신 명절에 오대산을 오른 불효를
용서하소서

두물머리

양수리
물길을 따라 오른다
옛사람들은 돛배를 타고 뗏목을 타고 오르내렸던 강
나는 기차를 타는 호강을 누리며 한강을 거슬러 오른다
잘난 척 하며 하늘을 찌르는 건축을 하더라도
물은 묵묵히 낮은 곳으로 흘러가 황해를 만난다
강화를 낳고도 힘이 남아 교동을 만든 어머니 강
두물머리
합수머리
양수리는 생명이 움트는 마을
사람들의 지혜와 겸손과 양심이 어우러져 만들어가는
아름다운 강산

양지리 1

우리 마을 젤 높은 곳
언덕 위에 밀감색 지붕을 하고 키 작은 동산은 북풍한설을 동무하는 곳

집을 신축하기 전
고가에는 나이 지긋한 나무들이 터를 잡았다
감나무 배나무 앵두나무
기억조차 희미해진 그 집에는 배꽃이 눈처럼 피었다
감꽃이 떨어져 마당에 누우면 황금이불을 깔았다
해풍이 드센 바닷가 마을은 바다가 논이요 밭이 되었다

어머니가 태어나서 평생을 살았던 집
환갑 선물로 새집을 지었다
내가 살면 얼마나 더 산다고 그러냐
어머니는 밀감색지붕을 사랑하며 30년
오래된 고목들은 수명을 다했다

당신이 낳은 아들 일곱보다 손자 수가 더 작은 세상
21세기 고려장
노모는 요양병원으로
봄 소풍을 떠났다

내남없이 나이 들면 가야하는 곳
북망산천이
낼일까 모레일까
내명년일까

대가족의 온기가 서려있는 곳
시인 교수 의사 대기업 임원이 태어나고 자란 집
개천에서 용이 났지만
지금은 빈집에서 거미가 용꿈을 꾼다
승천하면 비룡이 될까
봄비가 장맛비로 내리는 날에

양지리 2

그 여자네 집도 아닌데
은행나무 은행잎이 황금빛으로 내려앉은 바닷가 마을
붉은 지붕 감귤색 온기가 온 동네를 감싼다
감나무집 감나무는 곶감으로 벽화를 두른 마을

두루 가난했기에 빈곤을 망각했던 시절
고구마만 넉넉해도 든든하던 겨울이 있었지
빛바랜 지붕 꼭대기에서 저녁 짓는 연기가 피어오르면
꿈에도 차마 못 잊는 고향
양지리 산1번지

이제는 아무도 없는
부모님 살아계시던
그때가 봄날

아버지의 지게

아버지
삼십오 년이 훌쩍 지났습니다
삶의 무게를 오롯이 지게로 감당했던 당신
어린 날은 오해도 원망도 했습니다
잘난 부모들도 많은데

가난은 할아버지 아버지
대를 이었다
짧고 가늘게 살다 간 생
54세를 못 채운 복 없는 선친
생각은 잠수함처럼 무겁게 가라앉았다
엄청난 부피의 짐을 지고
고개를 넘는 아버지를 보며 자랐다
주제넘게 지게질 쟁기질은 배울 생각이 없었다
바다 일은 뱃멀미 때문에 더욱 질색이었다

세월이 흘러 이순의 바다
흙으로 돌아갈 날이 멀지 않다
아버지의 지게
무거운 삶의 무게
못 배우고 가난하게만 살다 가신 모진 세월

당신의 후손들은 굳세게 살아갑니다

아버지의 지게
피땀이 거름입니다
거룩한 아버지의 이름으로

고구마꽃

가을이 오면 고구마꽃이 피었다
토실토실한 밤고구마
동치미가 필수
주린 허기를 달래주던 구황식물
식구 수에 비해 벼농사는 늘 모자랐다
천수답지기는 물 걱정 없는 무논이 부러웠다
전답이야 한계가 뚜렷했고 살길은 겨울 김 양식
그나마 마을 바다가 좁았다
큰 마을들은 겨울 한 철 투자하면 살림이 피는데
바다가 손바닥만 한 작은 마을은 악순환

선친은 원대한 꿈을 가졌다
교육만이 살길이라고
숟가락만 있어도 팔아서 자식을 가르치겠다고 결기를
다졌다
우리는 가난했지만 공부를 했다
구미로 서울로 특목고 진학시키는 부모님의 희생은
눈물겨웠다

고구마꽃이 핀 가을
해풍에 갯내 나던 양지리

육십이 넘어서야 찾아가는 더딘 귀향
꿈에도 못 잊는 고향
어머니의 눈물까지도

9월의 은하수

삼태성 북두칠성을 보며 여름밤을 보낸 유년시절
일찍 떠난 고향은 저 혼자 늙어가는 빈집

은하수 별바다
오른쪽 거문고자리 직녀와 왼쪽 독수리자리 견우를
알았다
배움은 끝없는 행진

칠월 칠석 정인절이 오면 오작교에서 정답던 청춘 남녀들
발렌타인 데이 초콜릿에 세뇌된 세대들은 상상도 못하
리라

우리 것은 좋은 것이여
신토불이 별 같은 직녀와 견우를 바라보는 밤
별이 보이는 적막강산
오지였던 고향에도 전기가 들어왔고
은하수 빛나던 밤하늘은 빛의 공해로 멀어졌다

직녀와 견우가 빛나는 9월의 밤

제3부

요세미티

1
구름이 흘러가는 그곳에 마음까지 머무는 곳
새벽 동트기 전부터 운무가 밀려오는 아침까지
요세미티 국립공원의 겨울

2
벌써부터 추우면 안 되는데
천연가스와 석유를 가지고 전쟁을 벌이는 늙은 야수 푸틴
광기를 보는 임인년
강 건너 불구경이 아니다
적악지가 필유여앙

3
요세미티 진면목을 한눈에 담은 진경산수를 보며
작가의 안목에 감동하는 새벽

맑은 정신으로 깨어나는 이른 아침
인생은 육십부터
하고 싶지 않은 일을 하지 않아도 되는 생의 후반전
탐스럽게 익어가는 가을

어진 벗이 있어 참 좋다

꽃무릇

선운사 동백꽃만 봄 붉게 날렸다
가을엔 꽃무릇 상사화가 지천으로 피어난 선운골
거먹고무신에서 장어와 복분자로 복달임을 하고 정든
산을 오른다

검은 숲
계곡을 흐르는 물도 도토리를 풀어 놓은 듯
선운사 찻집의 인정이 곱다
이승에서 얽히지 못한 꽃과 잎
가을이 가고 겨울이 오면
다른 세상에서는 만나려나

생과 사는 손바닥 뒤집 듯 한 통속일까
선운사 검푸른 숲
꽃무릇 따라 걷는 길
아름다운 한 세상
꽃길이다

귀로

선친의 귀갓길 절반은 갈지자걸음
덩치는 깡말라서 소주 몇 잔에 쉽게 취했다
가지 많은 나무
바람 잘 날 없듯
야구팀을 만든 많은 동생들은 늘 허기졌다

농사의 달인
나락이 익으면 아버지의 걸음은 바빠졌다
마을에서 소를 가장 잘 키우는 어른
소 코뚜레 뚫는 일은 전매특허
쟁기나 지게 농기구는 손수 뚝딱 만드는 손재주를 타고
났다
눈썰미 천재

목수의 명성은 술에 시나브로 젖어들었다
부전자전의 손재간은 동생들 차지

목포의 눈물이 애창곡이었던 어머니의 잃어버린 청춘
들길 따라 산으로 돌아간 선친
오늘 문득 당신의 그림자가 그립습니다

단풍

오매 단풍 들것네
영랑 시를 배우며 강진을 알아갔다
다산의 뿌리가 깊이 베인 땅
탐진강 기름지게 흘러 강진만을 적시고
월출산 남쪽 상감청자 하늘을 빚은 고을

영랑과 강진은 떼놓을 수 없는 명제
무위사 백련사 고적한 절집에 스며든 역사의 숨결
다산초당 숲길을 걸어 오르며 유배지의 적막을 깨닫는다

천 리 먼 길
귀양살이 삭막한 정한을 시로 책으로 편지로 풀었던
정약용
돌샘에 새겨진 정석
단아한 필체에도 결기가 흐른다
몸은 하늘과 멀어졌어도
마음은 천주를 버리지 못했던 시대의 아픔

남도 답사 1번지
강진에 가을이 왔다

감나무집

감이 익어가는 마을
파란 양철대문집
추석빔을 사오시려나
읍내장에 가신 어머니
무얼 사오는걸까
백구가 먼저 마중을 나간다

동생은 허기져 울고 기다린 보람은 쌀밥 한 그릇에 녹아 들었다

추석이 오면 덩달아 붉어진 감나무를 보며 헛배가 불렀던 시절
가난이 훈장처럼 주렁주렁 나무에 매달린 명절
추석빔 하나 없어도 할머니 부모님 살아계셨던 그때가 봄날

태풍 덕분에 한층 쓸쓸해진 명절
코로나 이산가족의 슬픔까지
이 또한 지나가리라
임인년 쓸쓸한 가을

달맞이꽃

섬진강 무심히 흐르는
가을 강가에 달맞이꽃
노랗게 무리 지어 피어나 추석을 만드는 예쁜 너를
바라보는 마음
오백 리 강줄기
서러운 전라도 동녘을 적시며 남해로 흘러드는 강
김용택의 섬진강 연작시로 빛을 더한 강

추석맞이
달맞이꽃 피어난 강가에서 섬진강 연가를 부른다
안개 짙어 더욱 신비스런 강물에 붉어지는 가을
더도 덜도 말고 한가위만 같아라
덕담조차도 풍년가를 부르는 압록역
오리압 푸를록
압록강이 부럽지 않구나

검이불루 儉而不陋

가을비 하염없이 주룩주룩 내리는 날
여름 가뭄 때는 그렇게도 인색하던 비였는데
수원지 수위도 만수위를 보이고 수문은 활짝
개문만복래를 외쳤다
예년보다 한 달은 빨라진 추석
장보기가 겁난다는 놀라운 물가 상승
살림살이는 팍팍해도 살아가야 하는 생
희망을 찾아야 하는데
왠지 모를 무력감이 스멀거린다

참 열심히 살아왔는데
흙수저의 한계를 절감할 무렵 환갑은 태풍처럼 지나갔다
넉넉하지는 않지만 소박한 장년을 마중하는 이순
검이불루
잘 살아야겠다
늙어갈수록

비둘기

가을바람이 가을가을 소리를 내며 불어오는 아침
긴소매 옷을 입는다
계절이 참 빠르게 돌아간다
언제 더웠던가 망각할 만큼 백두산은 8월에 첫눈이 내렸다
이도백하 지인의 서설 소식

푸틴의 탐욕으로 시작된 우크라이나 전쟁
그 넓은 국토를 두고도 땅 욕심을 거두지 못하는 북극곰의 노욕
욕망의 종점이 눈에 보인다
제 몸 하나 간수하지 못하는 노인
나이 든 남자의 욕망은 추하다

곱게 늙어가야 하는데
타산지석
높이 오를수록 발걸음은 조심조심

인류의 재앙
전쟁이 하루빨리 멈추기를
세상에 선한 전쟁은 없다

여서도의 봄바람

청산과 제주 사이
작은 제주라 불리는 바람의 섬
여서리의 봄은 미역귀만큼 짧았다

먼 바다의 바람은 시도 때도 없이 불었다
집보다 높은 돌담이 바람막이가 되고 바람길이 되었다
소원이 있다면 섬살이를 벗어나는 것
내 대에서 못 이룬 꿈은 자식들을 육지로 보내며 한을
풀었다

바다는 여서도 사람들의 문전옥답
바람 불어 미역은 금방 말랐고 하루 한 번 오가는 여객선은
바람만큼이나 결항이 다반사
육지 손님 반기는 여서도의 봄
청산의 딸
여서리는 봄바람이 맵차다

우동 한 그릇

우동 한 그릇
고인이 된 장영희 교수의 '문학의 숲을 거닐다'를 비 오는 날 삼 독

우동 한 그릇에서 그만 눈물을 쏟고 말았다

주인공 형제의 인생 역전
2번 테이블의 기적
북해정
작은 우동집이 베푼 거룩한 사랑

새해 복 많이 받으세요

실없이 던지는 인사였지만
이제라도 정을 담아야겠다
인생을 살 만한 이유는
인정의 아름다움 때문이라고

비 오는 날
눈시울이 붉어졌다

청춘

청춘이 흘러가는 동강
할미꽃은 꽃의 역할을 다했다
검룡소 내린 물이 동강을 적시면 정선아리랑 소리가
한결 구성지다
할미꽃 진 자리에 할미새가 깃든다

여름이 스러져 가고
어느새 나무 꼭대기엔 가을 한 조각이 걸려있다

여름이 시들어갈 무렵
가을 냄새가 비집고 들어왔다
입추
너를 반긴다
가을을 남기고 떠난 사랑을 찾아서

개선 행진곡

1
이집트의 영광
이웃 나라를 정복하고 개선하는 장군의 행진곡
수에즈 운하 개통 기념으로 이런 신나는 음률이 나왔다니
아 그럴만도 하구나
감탄사가 절로 나온다
홍해와 지중해를 잇는 좁은 물길
아프리카 남쪽 희망봉을 도는 항로보다 엄청 짧아진 뱃길
이집트의 영광은 이웃 나라와의 전쟁이 아니라
수에즈 운하가 정답
한 번도 가보지 못한 아프리카
6일 전쟁 전설은 신화로 굳어지고
사막의 나라 이집트의 영광은 수에즈 운하 개통

2
춥지만 오늘도 걷는다
곡교천
배방에서 풍세까지
삼만 보를 곡교천을 따라 걸으며 귀향을 꿈꾼다
개선 행진곡은 못 듣더라도
인사유명은 필생의 숙제

그날이 올 때까지 시를 쓴다
행진
앞으로

진주라 천리길

1
진주라 천리길
진양호는 두 손 들어 푸른
손뼉을 쳤다

남강 촉석루
변영로의 시로 기억했던 논개는 장수 태생의 규수
남편 임지를 따라 진주까지 왔지만 패전은 쓰라렸다
적장을 끌어안고 투신한 의로운 바위

붉은 동백처럼 떨어져 남강의 호국 혼
진주라 천 리 먼 길

2
잊고 싶은 조선의 치욕
성리학의 맹신
임진왜란 병자호란 경술국치
이성계로 해가 뜨고 이완용으로 달 그림자 속으로
들어간 조선

고구려 발해 신라 고려 조선

작아지기만 했던 나라
얼마나 더 쪼개져야 정신이 들까
마한 진한 변한
삼한시대의 회귀가 역사의 수레바퀴련가

황산도

광활한 갯벌
날물이 되면 갯골 따라 갯강이 펼쳐지는 서해
저 물길 건너면 산동반도
백제의 혼이 신화처럼 스며있는 이웃사촌

물안개 피어 갯벌은 골 따라 굽이치는 발레리나의 족적
미명이 밝아오는 새벽 갯강
환해진 어부의 얼굴엔 만선의 기쁨
황산도의 품은 어머니 마음 닮은 안락한 둥지
이소한 새도 돌아가고픈 바닷가 마을
유월의 뻐꾸기가 운다
뻐꾹뻐꾹
여름이 왔다고

롯실드의 바이올린

시골 장의사는 죽지 않는 노인들이 미웠다
목관을 만들어 팔아야 돈이 되는데
수전노의 삶은 마른 우물
죽음의 샘은 솟아나지 않았고 슬픈 운명은 아내를 먼저 데려갔다

롯실드의 바이올린
차이콥스키의 애절한 협주곡을 들으며 안톤 체호프의 짧은 생을 기억한다
죽음 껴안기
너무 오래 살아서 자손에게 욕이 되는 세상
고종명
오복의 종착역이 다가온다
추하지 않게 깨끗하게

제 4부

가족 사진

달빛 사냥

달을 향해 쏴라
빗나가도 별이 될 것이다
과연 그럴까
반신반의하며 전진한 시간
호랑이를 그리려고 시작한 그림은 고양이가 되었어도
후회는 사절

막연한 꿈 너머의 꿈을 그리며 출발한 항해
문과 이과 예비고사 시험과목조차도 서점에서 참고서를
살 때야 알았던 시절
일가친척 중 가르쳐 줄 선구자가 전무한 등대 없는 항해는
위험천만
부딪치고 깨지며 익힌 항해술 덕분에 더 오래 걸린 뱃길
육십 년
최후의 항구에 도착하여 뱃고동을 울린다
이제 더 이상의 거친 항해는 없다
닻을 내리며 이순의 평화를 찾는다

나의 후손들에게
애비처럼 할애비처럼 살지 마라
한 번뿐인 인생

과감하게 뜻을 펼치기를

다만 시행착오를 먼저 겪은 멘토에게 물어가는 지혜
짧은 인생
시련은 있어도 실패는 없다
달을 향해 쏴라

슈워드의 냉장고

봄을 맞이하는 뱃놀이
해빙기의 근사한 결말
알래스카 빙원의 새봄
강의 얼음이 녹아서 흐르는 유빙의 제방
플루트새가 노래를 더하는 봄의 오케스트라
비비씨 어쓰에서 보는 새로운 세상
봄은 생명이 움트는 계절

저 넓다란 땅을 사들였던 배짱
1867년 러시아로부터 720만 불에 사들인 땅
의회는 슈워드의 냉장고라 희롱했지만 역사는 반대로 흘렀다
알래스카는 얼음창고가 아닌 보물창고

러시아 북극곰의 팽창
푸틴의 노욕으로 우크라이나는 고난의 행군
세상은 요지경
크림반도는 되찾았지만 러시아의 노망은 유성이 되었다

해무야박 海霧夜泊

바다안개 야박하게 밀려드는 만리포
물회 한 그릇 뚝딱
끼니야 때우면 그만이지만
밀려드는 안개의 밀물
서해바다는 오리무중

천리포수목원
민병갈박사의 귀화한 애국심은 서해보다 깊다
안개 가득 찬 천리포
무적이 울고 목련꽃 아래 잠든 나비는 꽃 춤을 춘다

바닷가 카페에서 대추차
따뜻한 차 한 잔의 여유
옆좌석의 왁자지껄 수다를 흘려듣는다
낭만이 없어
숙녀들의 수다는 최백호의 낭만에 대하여를 덮어버렸다
만리포 해무는 저녁밥 짓는 굴뚝의 연기보다 진하게 출렁
거렸다

무논

느티나무 그늘이 정겨운 곳
쟁기질하는 소와 아버지가 하나 되어 펼치는 봄의 교향악
자라 주주 이랴
알 수 없는 둘의 언어
소 입을 가리지 않는 선친의 배려
힘이 들 때면 아버지는 새참으로 막걸리 한 사발

소는 우리 집 가족이었다
비가 와도 끼니를 거르지 않는 상일꾼
아우들의 할 일은 소를 먹이는 것이 공부보다 앞섰다

느티나무 그늘 아래
무논에서 써레질 하는 선친의 모습
추억은 흘러서 산으로 갔다
조상들 곁으로

비목

나무비석
무슨 감흥이 있겠는가
전쟁이 남긴 상흔
전우를 묻을 시간조차도 허락되지 않는 늑대 같은 환경
돌무덤에 비목 하나
녹슨 철모를 뒤집어쓴 숭고한 사나이의 죽음

화천 깊은 골짜기
비목을 보며 전쟁의 비극을 실감한다
너도 대한민국의 귀한 아들이었을 텐데
전쟁은 노인이 일으키고
죽는 것은 젊은이들
노회한 정객들의 탐욕에 이슬처럼 사라진 안타까운 청춘들

녹슨 철모
풍찬노숙 세월에 씻긴 비목을 보며 평화를 갈망한다
너는 대한민국의 자랑스런 아들이었구나

거위의 꿈

거위의 다리가 짧다고 늘여주려 하지 마라
하늘을 나는 꿈
거위를 큰오리로 생각했던 유년시절
버려지고 찢긴 남루한 옷을 입은 꿈
손가락질 당하고 보통스럽지 못한 거위
뒤뚱거리는 걸음조차도 놀림이 되었다

물을 좋아했다
물가에서 놀며 키를 높여간 꿈
거위는 하늘을 날고 싶었다
살 깎기는 피눈물 나는 고행
파리해진 몸으로 거위는 마침내 하늘 높이 날아올랐다
죽어서야 한결 가벼워진 육신
승천하는 모든 새는 꿈이 있다

자유비행
하늘을 나는 거위의 꿈

빈 배

양수리 저녁 하늘이 저물 무렵
하루 물질을 마친 어옹은 귀가를 서둘렀다
붉게 물들어가는 강마을
작은 배 하나
초저녁 적막 속에 지친 하루를 매조지한다

하염없이 흐르고 흘러 강화도 교동도를 만든 강
한반도의 거대한 젖줄
한강에 기대사는 민초들의 일상
더도 말고 덜도 말고
초하의 푸른 산 푸른 들 푸른 강물만 같아라
노을이 질 때면
입꼬리가 귀에 걸렸다

천수답

논물이 가득차면 천수답지기 선친은 마음이 놓였다
프로농사꾼
쌀밥을 신봉했던 아버지는 자식들 굶길세라 쉬는 날이 드물었다
농사짓고 소 먹이고 김발하는 늘 바쁘게 돌아가는 바닷가 마을
육지 마을들은 겨울이면 농한기
완도는 겨울엔 김 농사로 고양이 손도 빌려야 할 어번기

구례 섬진강 마을
시인의 사진을 보며 새삼 유년의 기억에 젖는 소만
모내기 철
온 동네가 총동원되었던 마을의 행사
젊은 날의 부모님이 보고 싶은 여름

논물이 찰랑찰랑
모내기를 기다리는 지리산 천수답

신지도 연가

얼마나 멀고 먼지 그리운 서울은
바다가 육지라면 눈물은 없었을 것을
유행가를 따라 부르면서도
망망대해 남쪽의 태평양을 바라보며 꿈을 키웠다

신지대교가 놓인 좁은 물길을 지나서 고향을 떠났다
잠시 이별한 신지도
눈에 선한 상왕산을 두고
객지를 떠돈 반백 년
장년이 되어서야 다시 원점으로 돌아가는 꿈을 꾼다
돌아갈 집과 땅이 있다는 것은 커다란 축복

적선지가필유여경을 새기며 묵묵히 걸어온 길
훌륭한 스승을 만났고
덕분에 사람 구실하며 산다
푸른 오월 밤하늘에 보름달이 밝다

이팝나무 눈부시게 빛나고
아카시아꽃이 봉서산을 하얗게 물들이는 초하
전쟁의 광기만 없다면 참 살기 좋은 세상인데

지구촌 이웃 모두의
평화를 빕니다

실개천

1
시냇물 흘러서 가면
넓은 바닷물이 되듯이
익숙한 가사의 리듬으로
불러보는 옛노래

해동이다
토론토의 겨울은 참으로 길었다
우울한 회색의 하늘을 걷어버리고 마침내 봄
온타리오 호수로 흘러가는 시냇물에 눈을 뺏긴다

2
장마 때면 학교 가는 길
불어난 물에 고무신은 돌다리를 건너다 저 혼자 떠내려
갔다
십 리 먼 길을 걸어 다녔던 통학길
새삼스레 작아진 운동장을 바라보는 소회

시냇물 흘러서 가면
거대한 호수
오대호의 이름을 굴비 엮듯 외웠던 유년 시절

3
흘러가 버린 물로 물레방아를 돌릴 수는 없다
아쉬운 추억 한 무더기 피어오르는 시냇가
금방이라도 봄의 정령이 튀어나와
같이 놀자고 손 벌릴 것 같은 개울

북국에도 여름이 왔다

인자무적仁者无敵

금오공고에 합격하고 담임선생님께 큰절하러 가던 날
열다섯 어린 나에게 선생님이 써준 붓글씨
인자무적

나이 들수록 느끼는 것
친구를 닮아간다
유유상종
배울 것이 있는 동무를 벗하는 것

처세술의 결정
활처럼 곧으면 길에서 죽고 갈고리처럼 굽으면 제후에 봉해진다
나는 어떻게 살아왔던가
심쿵

그냥 살던 대로 살자
강물 같은 세월이 태평양에 닿았다
자족함을 알면 이 또한 아름답지 아니한가
인자무적

적선

착하게 살아라
베풀고 살아라
적선지가필유여경
積善之家必有余慶

누구나 받게 되는 가정교육
식탁예절을 조부모를 모시고 삼대가 사는
어른 앞에서 자연스럽게 체득했다

끼니때마다 가물에 콩 나듯 들어가는 쌀밥은 조부모 몫
밥상 위에서 투정도 못 하고 보리밥을 먹는 손자
노인들은 배가 부르다며 늘 밥을 남겼다
겸상하는 나야 호강이었다

쌀밥 한 숟가락의 베풂
그런 조부모의 사랑을 누린 손자는
헌혈유공자가 되었다
삼백 회는 건강한 사람도 용기가 필요한 적선

겨울 밤비

1
가문 날 밤비가 내려 대지는 마른 목을 축였다
남도는 가뭄으로 제한 급수를 한다는데
다우지역에 가을 태풍이 비껴갔으니
기후 이변이 어디 남도 뿐이랴

2
허리 한 번 제대로 못 펴시고 평생 지게질 쟁기질
중노동의 대명사로 살다 가신 선친
짧았던 생
쉰넷을 회상하는 장년의 아들
당신이 가신 고종명을 넘어도 철들지 못하는 이순

3
배방에도 좋은 일이 생겼다
올봄 이순신 고등학교 개교
올곧게 살아 청사에 이름을 남긴 조선의 빛
음봉초등학교 어라산 기슭에서 단잠이 든 제독
백번 허리를 굽히면
한번은 도를 깨치려나
꿈에 장군이 아파트 현관까지 찾아와서 기겁을 하고 깼다

꿈은 꿈일 뿐인데

자클린의 눈물

오펜바흐
자클린의 눈물을
베르너 토마스의 묵직한 첼로 선율로 들으며
눈을 뜨는 새벽
슬픈 감정은 몸 안의 묵은
때를 씻어내는 청소
슬픔이 다하면 기쁨이 찾아오듯

아침 거미가 내려오면 귀한 손님이 찾아온다고
죽이지 말라던 할머니의 가르침
거미와 손님이 무슨 연관이 있으랴마는
작은 생명도 쉬 꺾지 않은 여린 마음

선한 사람은
선한 곳간에서
선한 것을 꺼낸다
새벽 묵상이 한 해를 지배한다
이든 필명처럼
착하고 어질게
여명을 밝히는 등대

이명주 한잔
속이라도 호방하게
삼배통대도
일두합자연
자클린의 눈물 한방울이
월하독작을 부르는 설날

광덕산

광덕산에 올라 나이 든 소나무를 만나 명절 안부를 나누는 시간
정상 근처 외진 곳
굳세게 버틴 시간들
곧게 뻗지 못하고 분재 같은 수형

굴곡진 청춘
한 번 크게 꺾이니 백절불굴 기상은 행방불명
호연지기 크기만 했던 뜻은 허상
고물들은 촘촘한 거미줄을 비웃었고
작은 거인은 연부역강을 자신했건만 대세가 기울었다

멍들었던 순간을 묻고
시간은 빨리 갔다
세월이 약이겠지요
유행가 가사가 시보다 더 와닿는 가을
고생 많았던 청년시대를 마감하며
소나무를 닮아간다
인생칠십고래희

| 작품해설 |

공감과 봉사의 사랑 시학
─황인칠의 제6시집

김우식
(문학박사·문학평론가)

　황인칠 시인은 예술적 감성과 정갈함으로 촉촉한 사람이다. 바라보는 모든 대상들은 따뜻해지고 어둠의 침묵 속에서 밝은 세상을 향한 발걸음을 시작하게 된다. 시집 전편에 걸쳐서 시인은 자신의 성찰된 생각들과 경험들을 솔직하게 편한 어조로 독백하듯 풀어내고 있다. 글쓰기는 소재의 설정과 형상화, 그리고 삶을 통해 체험된 지혜를 깃들여야 한다. 이런 면에서 황 시인은 시작(詩作)을 통한 내면의 성숙과 오랜 삶의 현장을 통해 얻어낸 함께함과 공감의 철학을 통찰하고 있다.

　제6 시집을 출간하는 중견 시인 황인칠은 "이름 때문에 우울함이 머리 무거웠다/ 인칠이라 썼는데 대부분 인철이라 읽었다/ 초등학교 때부터 받은 상장도 해군에서 받은 군번줄에 박힌 이름도 철이었다/ 친동생 이름이 철인데/ 우리말을 공부하다가 이든을 익혔다/ 착하고 어질다는 뜻/ 필명으로 감이 왔다/ 이제껏 황당했던 본명을 접고 새 이름을 쓴다"라며 새로운 창작의 의지를 천명하고 있다.

황인칠의 지난 5권의 시집에서는 일상적 자아에서 벗어나 진정한 자아를 찾기 위한 유년의 기억들을 소환하고, 자신이 겪어온 대륙과 산업전선에서의 경험들을 시인의 시각으로 덤덤하게 풀어놓았었다. 그러나 이번 시집에서는 시인의 시선이 어디로 향해야 하고 동시대의 그릇된 현실들을 방관해서는 안 된다는 목소리를 높이고 있다.

『롯실드의 바이올린』은 오랜 경제 현장 경험과 자연의 순리를 토대로, 새로운 세상을 열망하는 생명 인식에 대한 깊이와 잔잔한 감동을 전해주는 수작이다. 시인은 중국대륙에서의 풍성한 자연 경험과 마라톤을 통한 인내의 모범을 보여주었고, 이타주의의 전형을 보여주는 헌혈 대장으로서 동시대를 살고 있는 우리 독자들에게 진한 울림을 선사하고 있다. 이번 시집은 황인칠의 한 생을 파노라마처럼 펼쳐내는 느낌을 주며, 서정적이고 순수한 언어들로 작품에 강렬한 열정을 불어넣고 있다.

1. 삶의 여정에서 흐느끼는 애절한 바이올린 연주자

황 시인은 새로운 도전보다는 인생의 잔잔한 추억과 슬픔에 익숙한 연륜을 지녔지만, 세상 사람들을 보는 눈이 정확하다. 현대인들은 남을 존중하고 인정하는 데는 인색하고 얕은 지식을 가지고도 우쭐대면서 자신만의 잣대로 살아가는 것을 종종 볼 수 있다. 이러한 현상을 예방하고 차단하려면 내가 먼저 남을 존중해주고 인정해주어야 한다는 신념으로 시인은 헌혈 봉사를 통해 모범을 보여주고 있다.

> 시골 장의사는 죽지 않는 노인들이 미웠다
> 목관을 만들어 팔아야 돈이 되는데
> 수전노의 삶은 마른 우물
> 죽음의 샘은 솟아나지 않았고 슬픈 운명은 아내를 먼저 데려갔다
>
> 롯실드의 바이올린
> 차이콥스키의 애절한 협주곡을 들으며 안톤 체호프의 짧은 생을 기억한다
> 죽음 껴안기
> 너무 오래 살아서 자손에게 욕이 되는 세상
> 고종명
> 오복의 종착역이 다가온다
> 추하지 않게 깨끗하게
> ―「롯실드의 바이올린」 전문

안톤 체호프의 1894년 작품 『롯실드의 바이올린』은 수많은 단편 가운데 우화 형식을 빌려 서정성을 살린 독특한 작품으로 평가받고 있다. 근년에 출간된 이 작품은 체호프의 유명한 여러 작품들에 비해 상대적으로 덜 알려져 있었는데, 이번 출간을 계기로 시대를 초월해 다른 예술 장르들로 재탄생한 이 작품이 많은 독자들에게 새롭게 다가갈 수 있을 것이다.

'시골 장의사는 죽지 않는 노인들이 미웠다/ 목관을 만들어 팔아야 돈이 되는데/ 수전노의 삶은 마른 우물/ 죽음의 샘은 솟아나지 않았고 슬픈 운명은 아내를 먼저 데려갔다'라며 물욕에 사로잡힌 한 사람의 삶을 지적하고 있다. 시골보다 못한 소도시에서 평생 관 짜는 일을 하면서 다른 이의 죽음을 돈으로 계산하고 자신이 하지 않은 일을 손해로 적어가며 아무런 이득 없이 흘러가 버린 인생을 탓하며 사는 일흔 살 노인 야코프를 말하고 있다.

아내의 장례를 치르고 돌아오는 길에 야코프는 마르파가 이야기한 오십 년 전 그 버드나무를 만나 옛일을 떠올리며 회심의 순간을 경험한다. 곧 자신도 병에 걸려 죽음이 가까이 오고 있다는 걸 안 야코프는 손해만 남기고 가망 없이 사라져버린 자신의 인생을 생각하며 무슨 곡인지 자신도 모르는 곡을 바이올린으로 켜기 시작했다. 그때 야코프를 찾아온 롯실드는 야코프의 연주를 들으며 슬픈 황홀경에 빠진 듯 탄식하며 눈물을 흘린다. 야코프는 "제 바이올린을 롯실드에게 주십시오." 이 한마디를 유언으로 남기고 죽음을 맞이한다.

'롯실드의 바이올린/ 차이콥스키의 애절한 협주곡을 들으며 안톤 체호프의 짧은 생을 기억한다/ 죽음 껴안기/ 너무 오래 살아서 자손에게 욕이 되는 세상/ 고종명/ 오복의 종착역이 다가온다/ 추하지 않게 깨끗하게' 여생을 살겠다는 시인의 각오가 비장하기까지 하다.

한 번밖에 살지 못하는 인생이 아무런 이득 없이 흘러가야 한다는 이토록 이상한 질서가 대체 왜 세상에 존재하는 걸까? 손해만 계산할 줄 알았던 야코프, 야코프로부터 이유 없는 경멸과 혐오를 받으면서도 그의 곁을 떠나지 않은 롯실드, 죽음의 순간에서야 기쁨에 찬 얼굴로 야코프를 두렵게 만든 마르파. 황인칠 시인은 이 세 인물의 이야기를 통해 "이 세상 모든 것은 사라져왔고 앞으로도 사라질 테니까" 한 번뿐인 삶을 어떻게 살아야 하는지를 음악을 통하여 질문을 던지고 있다.

    파블로 네루다
    우편배달부 영화로 시를 말했던 시인
    칠레 독재자 피노체트를 피해서 이태리로 망명했던

    바다를 무던히도 사랑했다
    죽어서도 태평양 바다가 보이는 언덕 위에 묻힌

길에서 시를 쓰는 시인

감나무에 감이 주렁주렁
까치밥을 걸었다
얼기설기 허름한 까치둥지
삼동을 날 수 있으려나

헐벗은 계절
십일월의 나목 앞에서
네루다의 망명과
감나무 까치 둥지가
오버랩 되는 초동初冬

시를 썼다
탈 한국도 나이를 극복하지 못하고 귀국
돌아온 조국에서 내가 할 수 있는 일은
자유로운 영혼으로 시를 쓰는 것

고향 가족 타향살이 중국
시의 소재는 넘쳤다
그릇에 오롯이 담아내는 일은 시인의 몫

쓰고 또 쓰고
다듬고 또 다듬고
시인의 시가 누가 될세라
조심스런 시작詩作

새삼스럽게 인생은 육십부터

인사유명人死留名
그 깨끗한 고종명考終命을 꿈꾸며
―「길에서 시를 만나다」 전문

"네루다의 시는 언어가 아니라 하나의 생동이다"라고 정현종 시인은 말했다. 민용태 시인은 네루다 시의 생동감을 한 단어로 '열대성' 또는 '다혈성'이라고 표현했다. 실로 네루다의 시를 읽으면, 폭우에 흠뻑 젖는 느낌, 강렬한 태양 아래 벌거벗고 선 느낌, 폭풍우가 내 몸을 뚫고 지나가는 느낌, 그리고 빽빽한 밀림 속에서 공룡알로 누워 있는 느낌이 교차한다. '바다를 무던히도 사랑했다/ 죽어서도 태평양 바다가 보이는 언덕 위에 묻힌/ 길에서 시를 쓰는 시인' 네루다를 소환한다. '헐벗은 계절/ 십일월의 나목 앞에서/ 네루다의 망명과/ 감나무 까치 둥지가/ 오버랩 되는 초동初冬' 지절에 시인인 자신과 네루다를 오버랩 시키고 있다. '쓰고 또 쓰고/ 다듬고 또 다듬고/ 시인의 시가 누가 될세라/ 조심스런 시작詩作'에 대한 자신의 태도를 독자들에게 보여주고 있다. 그러면서 '새삼스럽게 인생은 육십부터/ 인사유명人死留名/ 그 깨끗한 고종명考終命을 꿈꾸며' 끊임없이 성실하게 자신의 작품을 남기겠다는 각오를 작품을 통해 천명하고 있다.

1934년 12월 6일에 마드리드에서 있었던 한 유명한 강연에서 로르카는 네루다를 "철학보다 죽음에 더 가깊고, 지성보다 고통에 더 가까우며, 잉크보다 피에 더 가까운" 가장 위대한 라틴아메리카 시인의 한 사람이라고 말했다. 네루다의 시가 이성과 논리를 뛰어넘는 강력한 에너지를 품고 있음을 말해주는 대목이다. 그런 에너지는 의도적으로 만들어낼 수 있는 종류의 것이 아니다. 그것은 네루다가 살아온 환경과 풍토가 그의 가슴속에서 꿈틀거리면서 시로 되살아난 것에 다름 아니었다.

2. 헌혈 대장 마라토너 시인

마라톤에서 말하는 정신력은 육체적, 정신적 환경이 최상인 상태에서 발휘되는 인간의 초인적인 끈기를 의미한다. 긴 시간 동안 이루어지는 매우 힘든 경기라는 점에서 어떤 고되고 힘든 일을 장시간 쉬지 않고 수행함을 나타내는 관용어로도 쓰인다. 헌혈을 300회 이상 하려면 인류애뿐만 아니라 꾸준함이 필요하다. 이 세상에서 가장 무섭고 공포스러운 건 바로 '시간'이라고 말한다. 인간은 시간과 함께 서서히 죽음으로 향해 가듯, 살아있는 스포츠 전설 역시 시간과 함께 마지막 순간, 즉 은퇴를 향해 갈 수밖에 없다. 예외 없는 법칙이다. 그러나 황 시인의 헌혈에 대한 숭고하기까지 한 자세는 흔들림이 없다.

설국은 아름다웠다
그런데 대설이라니
동지가 가까운 겨울밤
눈은 하염없이 내렸다

강원도의 군 생활을 떠올리게 하는 눈 치우기
제설함에 덮인 눈조차도 한 짐
습설은 무겁다
소나무 가지가 툭툭 부러지는 눈 폭탄
버스도 엉금엉금
거북이걸음
눈썰매로 신이 난 아이들
썰매견 대신 썰매인이 된 어른들은 즐거운 노동
아파트 숲 공원 잔디 언덕은 눈썰매장
오랜만에 아이들의 신나는 소리로 떠들썩한 마을
헌혈하고 나오는 노신사의 발걸음도 가볍다

삼백 고지가 보인다
구 부 능선에서 마지막 피치를 올린다
건강이 허락하면 사백 고지까지
예순아홉은 헌혈 정년
빛나는 졸업장은 아무나 받나

-「헌혈 청년」 전문

 이 시편 속에는 황 시인의 종교애의 실천과 헌혈에 대한 아름다운 모습이 엿보인다. '소나무 가지가 툭툭 부러지는 눈 폭탄'이 내리는 '아파트 숲 공원 잔디 언덕'에서 '눈썰매를 즐기는 아이들의 신나는 소리로 떠들썩한' 공간을 목격한다. 그러면서 '헌혈하고 나오는 노신사의 발걸음도 가볍다'라며 또 한 번 자신의 뜨거운 피를 다른 사람을 위해 헌신하고 헌혈의 집을 나서는 자신을 이야기한다. '삼백 고지가 보인다/ 구 부 능선에서 마지막 피치를 올린다/ 건강이 허락하면 사백 고지까지/ 예순아홉은 헌혈 정년'이라며 자신의 목표 나이를 예고한다. 세상에 의미 있는 행동이 쉬운 일이 결코 없지만 '빛나는 졸업장은 아무나 받나'라며 자신을 위로하며 결심하고 있는 황 시인이 아름답다.

넘치는 혈기를 다스리려고 마라톤을 택했다
인내의 극한을 돌파하는 런너스 하이의 희열
백공오리를 달리는 질주는 자신과의 투쟁
이봉주를 존경하는 마음
완주를 밥 먹듯 했다는 그의 집념을 높이 샀다
물을 마시고 바나나를 먹고 달리는 105리길
다리로 달리는데 팔에 쥐가 난다
풍차를 돌리듯 어깨를 앞뒤로 쉼 없이 흔들어줘야 힘이 나는데
탈은 엉뚱한 곳에서 났다

4월의 한강 바람은 차가웠다
비까지 내리는 팔당호 길을 추위 떨면서 달렸다
결승점을 통과하고 통수건으로 몸을 두르니 살 것 같다
3시간 44분 27초

아마추어의 기록으로는 훌륭한 달림이

내가 내딛지 않으면 한 걸음도 전진할 수 없는 마라톤의 진리
아무리 힘이 들어도 깊은 들숨과 날숨을 반복하며 무한 전진
앞으로 앞으로
이마에 두른 머리띠마저 내던지고 냅다 뛰는 캥거루족
두 발로 성취하는 가장 흐뭇한 기억
마라톤 풀코스 완주
나의 50대는 그렇게 저물었다
런너스 하이
　　　　　　－「마라토너 시인 황인칠」 전문

마라톤은 그야말로 인간승리를 보여주는 종목으로, 인간의 극한을 장기간 시험하는 고문에 가까운 운동이다. 마라톤 선수들은 스프린터들보다 살짝 못한 속도 수준에서 42,195km를 달리며, 한 번 마라톤을 끝내고 나면 체중이 5kg씩 빠진다고 한다. 마라톤을 하다가 부상 당하거나 심지어 사망하는 경우도 빈번하다. 마라톤은 구간마다 탈수를 방지하기 위해 물을 주는 것이 당연하며, 또한 위급 상황을 대비한 응급차와 의료진이 실시간으로 따라다닌다. 그만큼 인간을 순수하게 체력적으로 극한까지 몰아넣는 종목이다. 시인은 '넘치는 혈기를 다스리려고 마라톤을 택했다/ 인내의 극한을 돌파하는 런너스 하이의 희열'을 느끼기 위해 '백

공오리를 달리는 질주는 자신과의 투쟁'을 선택한다. 4월의 차가운 한강 바람을 뚫고 달리며 비까지 내리는 팔당호 길을 달린다. '내가 내딛지 않으면 한 걸음도 전진할 수 없는 마라톤의 진리/ 아무리 힘이 들어도 깊은 들숨과 날숨을 반복하며 무한전진/ 앞으로 앞으로' 달리면서 자신과의 싸움에서의 성취감을 체득한다.

    오직 달리려고 경춘선을 탔다
    아들까지 대동하고
    춘천은 춘마를 달리려는 사람들로 축제 분위기
    동마를 두 번이나 달렸으니 춘마도 마라토너의 구색을 갖추려면 필수
    의암호를 달리는 춘천마라톤은 언덕이 많았다
    오르막의 질주는 보폭을 줄이는 것
    타박타박 뛰어도 걷는 것에 비하면 광속
    20대의 아들은 응원단장이 되고
    50대의 애비는 뜀을 하는
    춘천마라톤

    깊은 뜻이 있었다
    아들에게 자극을 주려는 것
    효과는 만점

    아들의 응원 속에 쾌조의 달리기를 마쳤다
    아들은 애비가 외국살이할 때 마라톤을 독학하여 청출어람

서브3를 달성했다

　　마라토너의 꿈은 대를 이었다
　　프로헌혈러의 가통도 부전자전
　　삼백은 힘이 세다
　　그러나 젊은 일백은 기세등등
　　부자의 합이 사백이 넘는 헌혈은 마라토너의 전승과
　　더불어 황부자의 훈장

　　건강한 겨우살이는
　　마라톤
　　틈이 나면 헌혈
　　그럼 이타적인 시인이 되는 고속도로
　　뛰면 살고 누우면 죽는다
　　　　　　　―「마라토너 시인 황인칠 6」 전문

　'의암호를 달리는 춘천마라톤은 언덕이 많았다/ 오르막의 질주는 보폭을 줄이는 것/ 타박타박 뛰어도 걷는 것에 비하면 광속'임을 시인은 마라톤을 통해 경험한다. 20대의 아들은 응원단장이 되고 50대의 애비는 뜀을 하는 춘천마라톤을 통해 부자의 합일점을 찾아낸다. 그러던 아들은 아버지가 중국 주재원으로 있는 동안 마라톤에 참가하여 청출어람 서브 3를 달성하여 마라톤 가족이 된다. '마라토너의 꿈은 대를 이었다/ 프로헌혈러의 가통도 부전자전/ 삼백은 힘이 세다/ 그러나 젊은 일백은 기세등등/ 부자의 합이 사백이 넘는 헌혈은 마라토너의 전승과 더불어 황부자의 훈장'으로 자리매김한다. 아버지는 이미 300회 고지의 결승점에 도달하고, 아들도 벌써 100회의 헌혈을 넘어섰다. 이 얼마나 아름다운 부자의 동행인가.

3. 부정(父情)의 소환: 통한의 사부곡

고통받는 약자들에 대한 따뜻한 시선이야말로 황 시인의 시가 지향하는 시심의 본질이라 할 수 있다. 황 시인은 '1989년 설날/ 아버지의 잔소리가 싫어 산으로 간 설날/ 눈 쌓인 산을 내려와/ 강릉에서 '모스크바는 눈물을 믿지 않는다/ 영화를' 보고 집에 돌아와서 선친의 임종 소식을 듣게 된다. '창졸간에 떠난 선친/ 그리움은 산을 넘고 물을 건넜다/ 54세 생일상도 받아보지 못한 짧은 생/ 선친은 아들의 눈물도 믿지 않을 것/ 당신이 돌아가신 명절에/ 오대산을 오른 불효를 용서하소서'라며 통한의 절규를 쏟아내고 있다. 시인은 미처 부친과의 준비되지 않은 이별에 대한 안타까운 심정을 사부곡의 형식을 빌려 진한 눈물을 토해내고 있다. 황인칠 시인의 시적 긴장감은 관념적 윤리의식 보다는 연민의 정서를 사용하여, 은근하면서도 자신만의 윤리적인 개성을 잘 표현하고 있다. 시인의 감성에 자리 잡고 있는 애처로운 부친에 대한 사랑과 그리움은 여러 시편들에서 발견되어진다.

아버지
삼십오 년이 훌쩍 지났습니다
삶의 무게를 오롯이 지게로 감당했던 당신
어린 날은 오해도 원망도 했습니다
잘난 부모들도 많은데

가난은 할아버지 아버지
대를 이었다
짧고 가늘게 살다 간 생
54세를 못 채운 복 없는 선친
생각은 잠수함처럼 무겁게 가라앉았다
엄청난 부피의 짐을 지고
고개를 넘는 아버지를 보며 자랐다
주제넘게 지게질 쟁기질은 배울 생각이 없었다
바다 일은 뱃멀미 때문에 더욱 질색이었다

세월이 흘러 이순의 바다
흙으로 돌아갈 날이 멀지 않다
아버지의 지게
무거운 삶의 무게
못 배우고 가난하게만 살다 가신 모진 세월
당신의 후손들은 굳세게 살아갑니다

아버지의 지게
피땀이 거름입니다
거룩한 아버지의 이름으로
　　　　　　　－「아버지의 지게」 전문

시인은 아버지의 삶을 시인의 삶으로 끌어오면서 독자들과 공감하려는 의도가 엿보인다. 바다를 일터 삼아 가족의 생계를 책임지던 아버지의 삶이 쓸쓸하게 얼비치고 있으며 어쩌면 바다는 시인의 시에서 본향을 이루고 있다고 볼 수 있다. '아버지/ 삼십오 년이 훌쩍 지났습니다/ 삶의 무게를 오롯이 지게로 감당했던 당신/ 어린 날은 오해도 원망도 했습니다/ 잘난 부모들도 많은데'라며 어린 시절 아버지를 원망했던 자신이 이제 아버지가 되어 과거의 기억들을 소환하고 있다. '엄청난 부피의 짐을 지고/ 고개를 넘는 아버지를 보며 자랐다/ 주제넘게 지게질 쟁기질은 배울 생각이 없었다/ 바다 일은 뱃멀미 때문에 더욱 질색이었다'라며 엄청난 부피의 짐을 지고 고개를 넘던 아버지를 이해하지 못했던 유년의 기억을 안타깝게 추억하며 그리워한다. 이제 이순을 넘긴 시인은 아버지의 지게를 생각하며 거룩한 아버지의 이름으로 가족의 소중함을 독자들에게 응변하고 있다.

    선친의 귀갓길 절반은 갈지자걸음
    덩치는 깡말라서 소주 몇 잔에 쉽게 취했다
    가지 많은 나무
    바람 잘 날 없듯
    야구팀을 만든 많은 동생들은 늘 허기졌다

    농사의 달인

나락이 익으면 아버지의 걸음은 바빠졌다
마을에서 소를 가장 잘 키우는 어른
소 코뚜레 뚫는 일은 전매특허
쟁기나 지게 농기구는 손수 뚝딱 만드는 손재주를 타고났다
눈썰미 천재

목수의 명성은 술에 시나브로 젖어들었다
부전자전의 손재간은 동생들 차지

목포의 눈물이 애창곡이었던 어머니의 잃어버린 청춘
들길 따라 산으로 돌아간 선친
오늘 문득 당신의 그림자가 그립습니다

-「귀로」 전문

실제로 황인칠 시인의 시는 현실 속에서 과거의 기억들과 맞서려고 하지만 자신의 내면은 끝없는 고통 속에 있었다는 사실을 인정하고 있다. '선친의 귀갓길 절반은 갈지자걸음/ 덩치는 깡말라서 소주 몇 잔에 쉽게 취'하셨지만 '농사의 달인/ 나락이 익으면 아버지의 걸음은 바빠졌다/ 마을에서 소를 가장 잘 키우는 어른/ 소 코뚜레 뚫는 일은 전매특허/ 쟁기나 지게 농기구는 손수 뚝딱 만드는 손재주를 타고'나셨던, 그러나 지금은 들길 따라 산으로 돌아가신 선친의 그림자를 그리워하며 눈물겨워 하고 있다. 하루의 노동을 팔고 빈 지게 위에 별빛 몇 개 지고서, 소주 몇 잔에 취하여 귀

가하는 아버지의 갈지자 걸음이 그리움의 또 다른 매체가 되고 있다. 그래서 황인칠의 부정에 대한 연민은 그저 눈에 보이는 정도가 아니다. 행간을 읽어가다 보면 연민의 대상이 자신의 처지로까지 도달해있고, 동시대인들과 자신의 자녀에게도 공감의 정서가 전달되어 있다.

4. "불휘 기픈 남간 바라매 아니 뮐쌔"

뿌리 깊은 나무는 바람에 흔들리지 않는다는 말이다. 세종대왕의 훈민정음으로 쓴 '용비어천가' 2장에 있는 내용이다. 태풍이 휩쓸고 간 자리에는 뿌리까지 송두리째 뽑힌 나무가 뒹군다. 그런 태풍에도 뽑히지 않는 나무들이 있다. 혹독한 현실과 끝이 보이지 않는 상황 속에서도 흔들리지 않는 사람이 황인칠 시인이다. 시인은 자신이 태어났던 완도의 특성을 시편들에서 잘 드러내고 있다. 그러나 시인의 시는 지역의 특성이라는 한계성에 갇혀 있는 것이 아니라, 지역의 특성을 보편적인 정서로 독자들을 안내하고 있다. 가족들과 양지리 바닷가의 생생한 풍경을 잘 형상화하고 있으며, 이를 통해서 어민들의 삶의 모습을 생생하게 그려내고 있다. 시인 황인칠은 시각적으로 예민한 정서를 가지고 있다. 눈으로 보고 느끼며 그 대상들과 교감한다. 붉은 수수밭·고구마꽃·꽃무릇·단풍·달맞이꽃은 물론이고, 도솔암·상왕산 편지·섬진강·두물머리·황산도 등의 작품에서도 예리하고 정감있는 시선으로 관조자의 자세를 취하고 있다.

>바닷가 마을의 풍어 축제
>파시가 열리면 섬은 북적거렸다
>전설처럼 들었던 고등어 삼치 물고기 풍년
>
>청산도는 거문도 흑산도와 더불어 최고의 어항
>완도 신지 고금은
>강진만 내해라서 물고기 씨알이 잘았다
>그런데 청산은 큰 바다라서 삼치부터 굵었다
>
>멀리 제주 바다를 넘나드는 어선들은 풍어가 다반사
>수평선 바라보며 꿈을 키우던 유년 시절
>바다 끝까지 항해를 하면 어디에 닿을까
>궁금증이 깊었다
>초등학교 4학년
>사회과 부도를 받고 세상 넓은 것을 알았다
>천지가 열리는 개안
>
>파시가 아니라도 세상은 넓고 할 일은 많았다
>이류는 판을 사수하지만
>일류는 새 판을 짠다
>가자
>넓은 세상으로
>   -「파시」전문

고기가 한창 잡힐 때 바다 위에서 열리는 생선 시장

이다. 특정 어획물을 어획하는 어장에서 어선과 상선 사이에 어획물의 매매가 이루어지는 곳으로 알려져 있다. 그러나 파시는 실제로는 이보다 넓은 의미를 지니고 있다. 그 어장과 가까운 위치에 있는 육상 근거지에서 어업자와 어부를 고객으로 한 각종 상행위가 이루어지는 곳도 파시라고 한다. '바닷가 마을의 풍어 축제 / 파시가 열리면 섬은 북적거렸다/ 전설처럼 들었던 고등어 삼치 물고기 풍년'이던 유년의 완도 바다를 기억한다. '멀리 제주 바다를 넘나드는 어선들은 풍어가 다반사/ 수평선 바라보며 꿈을 키우던 유년 시절/ 바다 끝까지 항해를 하면 어디에 닿을까/ 궁금증이 깊었'던 소년은 해군에서 배를 탔고, 황해를 건너 중국에서 주재원 신분으로 상당한 시간을 보낸다. 시인은 어떤 기억이나 사물을 바라보든지 낮은 자세로 겸손하게 임하고 있다. 깊이와 높이 보다는 넓이를 지향하며 다양한 서술 방식을 선택하고 있다. 시인의 시는 과거의 기억들과 현실과의 관계를 통해서 그 관계를 회복하는 것이 무엇인가를 끝없이 고민하고 있다.

 해우라고 했다
 김이라고 표준어로 출하되는 해우는 완도의 특산품
 이제는 바다도 환경이 바뀌어 전복 양식
 고향에서는 광어가 대세를 이뤄 명예 넙치 면장을 뽑는다
 알아야 면장을 하지

시라도 잘 써서 고향을 알리고 싶은 굴뚝 같은 맘

　　겨울 바다는 몹시 차다
　　맵찬 높하늬바람
　　차가운 한류 덕분에 해우를 만들어서 따뜻한 겨우살이
　　해우를 생산하던 부지런한 손들은 늙어서 경로당 단골
　　손님
　　어르신들은 마을 역사를 간직한 움직이는 도서관

　　찬 바다 하의도에 낯익은 해우발
　　작은 쪽배로 생계를 잇는 어부의 겨울은 봄을 잉태하는
　　인동초 시간
　　　　　　　　　　　　　ー「해우발」 전문

　'우리 마을 젤 높은 곳/ 언덕 위에 밀감색 지붕을 하고 키 작은 동산은 북풍한설을 동무하는 곳'이며 '어머니가 태어나서 평생을 살았던 집'을 시인은 소환하고 있다. '대가족의 온기가 서려있는 곳/ 시인 교수 의사 대기업 임원이 태어나고 자란 집/ 개천에서 용이 났지만/ 지금은 빈집에서 거미가 용꿈을 꾼다/ 승천하면 비룡이 될까/ 봄비가 장맛비로 내리는 날에'(「양지리 1」) 시인의 고향인 양지리를 기억하며 깊은 생각에 젖어있다.

　'해우는 완도의 특산품/ 이제는 바다도 환경이 바뀌어 전복 양식/ 고향에서는 광어가 대세를 이뤄 명예 넙치 면장을 뽑는다/ 알아야 면장을 하지/ 시라도 잘 써서 고향을 알리고 싶은 굴뚝 같은 맘'이라며 자신이 시인으로서 고향에 대한 애정을 드러내고 있다.

 황인칠 시인처럼 고향을 떠나 객지에서 삶을 오래 산 사람도 드물 것이다. 고향 완도를 떠나 경상도를 거쳐 해군에서 배를 타고 바다를 휘감아 다녔다. 그런 와중에서도 문학에 대한 꿈을 이루기 위해 국문학을 공부하고, 다시 중국대륙의 대기업 주재원으로 지금은 천안의 건설회사에서 여정을 머무르고 있다. 그런 삶 속에서도 시인은 강과 산과 들로 걷고 뛰며 시작에 몰두해왔다. 그러나 결국은 자신의 고향을 마음속에 뿌리내려, 흔들리지 않는 고향 사랑을 그려내고 있다. '신지대교가 놓인 좁은 물길을 지나서 고향을 떠났다/ 잠시 이별한 신지도/ 눈에 선한 상왕산을 두고/ 객지를 떠돈 반백 년/ 장년이 되어서야 다시 원점으로 돌아가는 꿈을 꾼다/ 돌아갈 집과 땅이 있다는 것은 커다란 축복'(「신지도 연가」)이라며 자신의 여정에 대한 정리와 결심을 보여주고 있다.

 적선지가 필유여경(積善之家 必有餘慶)이란 진실로 선을 행하면 후세 자손이 반드시 왕 노릇 할 수 있을 것이니 군자가 왕업을 세우고 계통을 드리워서 분명히 계승하게 하니 사람의 할 바는 오직 선을 힘쓰는데, 있을 따름이며 공을 이루는 것은 오직 하늘에 달려 있다는 말이다. 우리들이 살아가는 삶이 꽃길만은 아니며,

때론 눈물겹도록 힘들어하는 흐느끼는 바이올린 연주자의 모습일 수도 있다. 인간들의 어깨에는 누구나 무거운 짐을 지고 있다. 황 시인도 빈곤한 집안 9남매의 장남으로서 짊어져야 했던 아버지의 지게 못지않은 아픔이 있었다. 황 시인은 자신의 등에 걸쳐진 짐의 무게로 고통을 느꼈고 이를 통해 사랑과 용서의 기쁨도 알게 된 것이다.

시인은 마라톤을 통해 인생의 거센 시련 속에서도 슬픔과 외로움을 이겨내고, 자신이 처해있는 현실을 도피하지 않았다. 인생길이 탄탄대로만은 아니며 끊임없이 변하는 것이며, 시인이 처한 고통 또한 한 과정일 뿐임을 알고 있었다. 그래서 자신의 처지를 비관하거나 자책에 빠지지 않고 이겨내어 시인으로 우뚝 서게 된 것이다. 시인에게 드리웠던 슬픔의 무게는 특정한 경우의 상황이 따로 존재하는 것은 아니다. 슬픔과 그리움의 정서를 시로 노래하는 것은, 그 슬픔을 통해 우리가 정화되고 성찰할 수 있는 존재 인식과 공감의 정서가 배어 있기 때문이다.

이든(착하고 어진)이라는 새로운 이름으로 문단에 여섯 번째 시집을 상재하는 황인칠 시인의 거침없는 시의 행보를 응원한다.

황인칠 제6시집

롯실드의 바이올린

초판 인쇄 2023년 4월 3일
초판 발행 2023년 4월 5일

지은이 황인칠
펴낸이 강신용
펴낸곳 문경출판사
주 소 34623 대전광역시 동구 태전로 70-9 (삼성동)
전 화 (042) 221-9668~9, 254-9668
팩 스 (042) 256-6096
E-mail mun9668@hanmail.net
등록번호 제 사 113

ⓒ 황인칠, 2023

ISBN 978-89-7846-811-4 03810

값 12,000원

* 무단 복제 복사를 금함
* 잘못된 책은 교환해드립니다.